Claire Littlejohn
LES ANIMAUX EN DANGER

texte français de Catherine Delisle
avec le concours de Michel Cuisin
Attaché au Muséum d'Histoire Naturelle de Paris

DEUX COQS D'OR

Des indications sur les caractéristiques physiques des 93 espèces menacées représentées dans cet ouvrage figurent près des illustrations. Le code utilisé est le suivant : H = hauteur ; P = poids ; L = longueur ; E = envergure. Le poids des animaux très légers n'est pas précisé : il est de l'ordre de quelques grammes. Quand des indications manquent ailleurs, c'est qu'elles n'ont pas été attestées par les savants ou que le nom de l'animal regroupe plusieurs espèces différentes. A la fin des textes consacrés à 32 espèces menacées (sélectionnées parmi les plus représentatives dans un environnement donné), figure un des éléments du code suivant : TM = très menacé ; M = menacé ; BM = bientôt menacé.

l'ocelot
L : 1,50 m
(avec la queue)
P : 17 kg

Les forêts tropicales

L'amazone impérial
Amazona imperialis

Localisation : île Dominique (Amérique centrale)

Il existe 328 espèces de perroquets. Ces oiseaux vivent dans les régions tropicales. Leur bec, solide et crochu, leur sert à briser ce qu'ils mangent et à grimper aux arbres. Pour se nourrir, ils se tiennent en équilibre sur une patte. De l'autre, ils portent graines, noix, fruits et bourgeons à leur bec. L'amazone impérial vit dans une petite île d'Amérique centrale. En détruisant sa forêt, l'homme le met en danger. (TM)

Le tigre de Sumatra
Panthera tigris sumatrae

Localisation : Sumatra

Grands félins à fourrure rayée, les tigres sont de redoutables chasseurs. Ils s'attaquent à des animaux de toutes tailles, parfois même à de jeunes éléphants. Ils sont patients, rusés et se jettent sur leur proie par surprise. Ils vivent dans des forêts épaisses. En abattant les arbres, les hommes détruisent leur milieu et les menacent. Les tigres ont du mal à se nourrir. Les hommes ont trop chassé leurs proies. Le tigre de Sumatra était autrefois largement répandu en Asie. Il est maintenant très rare. (TM)

l'atèle
L : 1,30 m

l'amazone impérial
L : 47 cm

le tigre de Sumatra
H : 1 m
L : 3,80 m
(avec la queue)
P : 200 kg env.

le pudu septentrional
L : 95 cm   P : 10 kg

le brachyptérolle
L : 45 cm environ

l'ornithoptère de
la reine Alexandra
E : max. 20 cm

le dynaste hercule
L : max. 18 cm

L'aye-aye
Daubentonia madagascariensis

Localisation : Madagascar

L'orang-outan
Pongo pygmaeus

Localisation : nord de Sumatra, Bornéo

On ne trouve l'aye-aye qu'à un seul endroit : au nord-est de Madagascar, dans une forêt ou il pleut souvent. C'est un animal étrange. Des poils longs lui protègent le corps, des poils courts lui couvrent la tête. Ses oreilles ressemblent à celles des chauves-souris. Le doigt médian de ses mains, fin et long, lui sert à extraire les insectes des petits trous et des fissures. Il dort dans un nid, pendant la journée. Ses dents grandissent sans cesse. Il les lime en rongeant des noix de coco et l'écorce des arbres. L'aye-aye est menacé parce qu'on détruit sa forêt. A Madagascar, certains le considèrent comme un porte-malheur, et le tuent quand ils le rencontrent. (TM)

Grand singe à poils roux, l'orang-outan vit en se promenant dans les arbres. Il utilise ses longs bras, le poids de son corps, ses pieds et ses mains en forme de crochet, pour se balancer de branche en branche. Ses dents et sa mâchoire puissante lui servent à ouvrir les noix de coco et à mastiquer des végétaux épais. L'orang-outan mange d'énormes quantités de fruits, de feuilles, de pousses, d'écorce et d'insectes. La loi le protège, mais la destruction de la forêt tropicale le menace. (TM)

l'aigle des
singes des Philippines
L : 86 à 102 cm
P : 4 à 4,6 kg

l'orang-outan
H : 1,35 m   P : 90 kg

l'aye-aye
L : 40 cm
+ 50 cm (queue)
P : 2 kg

le chinchilla
L : 50 cm   P : 500 g à 1 000 g

Les montagnes

le zèbre de montagne du Cap
H : 1,20 m   P : 230 à 250 kg

le faisan
de Swinhoe
L : 72 cm
P : 1,120 kg

Le gorille de montagne
Gorilla gorilla beringei

Localisation : Zaïre, Rwanda, Ouganda
(entre 1 500 et 3 500 m d'altitude)

Les gorilles de montagne sont les plus grands des singes. Sociables, ils vivent en famille. Contrairement à l'orang-outan, le gorille reste presque toujours sur le sol. Il marche sur la plante des pieds et s'équilibre en s'appuyant sur ses mains repliées. Il n'en reste plus que quelques centaines. Comme les fermiers s'attaquent à leur forêt pour cultiver le sol, ils sont en danger. Les indigènes les chassent pour leur viande et les braconniers pour leur peau. (TM)

Le puma
Felis concolor

Localisation : Amérique du Nord

Les jeunes pumas ressemblent à des chats. Leur mère les élève pendant deux années entières. Adultes, ils vivent seuls et parcourent de grands espaces pour chasser. Ils se déplacent silencieusement, avec une grande souplesse. Ils peuvent faire des bonds de 9 m de long. Vivant dans les montagnes, le puma d'Amérique du Nord (ou couguar) grimpe aux arbres pour fuir ses ennemis ou pour guetter ses proies. Les pumas sont menacés parce qu'on les chasse trop. (TM)

le gorille
de montagne
H : 1,80 m
P : max. 250 kg

le puma
L : 2 m (avec la queue)
H : 70 cm   P : 45 kg env.

le bouquetin des Pyrénées
L : 1,20 à 1,48 m   P : 35 à 80 kg

l'indri
L : 60 cm à 70 cm

le léopard des neiges
L : 2,20 m (avec la queue)
P : 30 kg env.

L'aigle impérial d'Espagne
Aquila heliaca adalberti

Localisation : Espagne, Portugal

Les aigles ont besoin de vastes étendues. Ils bâtissent leur nid en altitude dans les creux de rochers ou au sommet des arbres. Ils ont de grandes ailes (environ 2 m d'envergure) qui leur permettent de planer jusqu'à ce qu'ils repèrent une proie. Ils s'abattent très vite sur l'animal, l'attrapent et le tuent grâce à leur bec crochu et leurs griffes recourbées. Ils sont menacés car ils habitent des pays où les espaces sauvages diminuent. La loi les protège. Mais ils peuvent mourir empoisonnés par les produits toxiques utilisés dans les cultures. (TM)

Le grand panda
Ailuropoda melanoleuca

Localisation : ouest de la Chine, province du Se Tchouan (entre 1 500 et 3 000 m d'altitude)

Très rare, le grand panda a été choisi comme symbole du Fonds Mondial pour la Nature (WWF). Il appartient à la famille du raton laveur. Pourtant, il ressemble plutôt à un ours avec des taches noires et blanches. Le grand panda est menacé de mourir de faim. Il se nourrit de pousses de bambou. Cette plante fleurit au bout de plusieurs dizaines d'années. Elle se dessèche ensuite complètement. Si toutes les forêts de bambou où vit le grand panda fleurissent en même temps, il n'a bientôt plus rien à manger. (TM)

le condor
de Californie
E : 3,20 m
P : 9 à 13,5 kg

l'aigle impérial d'Espagne
L : 80 cm   P : 2,4 à 3,5 kg

le grand panda
L : 1,80 m   P : 130 kg

la grue du Japon
L: 1,30 m

la tortue de marais

Les rivières

l'esturgeon
L: de 90 cm à 6 m
P: de 20 à 1 500 kg
(selon l'espèce)

L'hippopotame nain
Choeropsis liberiensis

Localisation : ouest de l'Afrique

L'hippopotame nain vit dans les forêts et les marécages. Il reste la journée dans l'eau et se nourrit sur la terre, pendant la nuit. Quand il est adulte, il a la taille d'un jeune hippopotame commun. Sa tête est plus petite, ses pattes et son cou sont plus longs. Ses yeux sont sur les côtés de la tête et non sur le dessus. Il passe moins de temps dans l'eau et il est plus sauvage. Il est surtout menacé par la destruction de son milieu naturel, là où les forêts de plaine sont abattues et les marécages transformés pour l'agriculture. (TM)

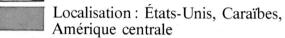

Le crocodile d'Amérique
Crocodylus acutus

Localisation : États-Unis, Caraïbes, Amérique centrale

On trouve le crocodile d'Amérique surtout à l'embouchure des fleuves, au bord de la mer des Caraïbes. Ses morsures sont redoutables. Avec sa queue puissante, il assomme les animaux qui l'approchent. Comme tous les crocodiles, il ne sort de l'eau que pour attaquer une proie ou pour pondre. Il enfouit ses œufs après avoir creusé un trou dans le sol. Mais souvent cette précaution ne suffit pas. D'autres animaux les déterrent et les mangent. Les hommes chassent les crocodiles pour leur peau. Ils en font des sacs, des chaussures... Ces animaux sont parfois tués avant d'avoir eu des petits. (TM)

l'hippopotame nain
H: 1,50 m
P: 270 kg

le crocodile d'Amérique
L: 3 m

le dauphin du Gange
L : 2,40 m

la libellule

la grenouille Goliath
L : 40 cm   P : max. 2,7 kg

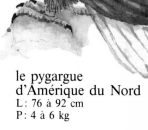

le pygargue
d'Amérique du Nord
L : 76 à 92 cm
P : 4 à 6 kg

le lamantin
L : 2 à 3 m   P : 300 à 500 kg

Le desman des Pyrénées
Galemys pyrenaicus

Localisation : Pyrénées, Portugal

Le desman des Pyrénées est un parent de la taupe, mais il vit très différemment : c'est un animal aquatique. Son corps, adapté à son milieu naturel, lui permet de bien nager. Ses pattes arrière sont entièrement palmées, celles de devant le sont en partie. Sa fourrure est imperméable (l'eau glisse dessus). Son nez et ses oreilles se ferment dans l'eau. Le desman se sert beaucoup de son sens du toucher très développé. Il a des poils sensitifs sur le museau, sur la queue et sur les pattes. Il se nourrit dans ou près de l'eau : il mange des crevettes, des escargots, des insectes... La pollution de l'eau le met en danger. (TM)

La loutre géante
Pteronura brasiliensis

Localisation : du Venezuela à l'Argentine

La loutre géante, la plus grande de toutes, mesure entre 1,50 m et 1,80 m de long. Certains sujets peuvent dépasser 2,10 m. Elle aime jouer et se laisser glisser dans les eaux profondes des fleuves et des rivières. Rapide, elle capture facilement les poissons dont elle se nourrit. Sa longue queue puissante lui sert de gouvernail. Les loutres géantes chassent souvent à plusieurs. L'homme les a tellement traquées pour leur belle fourrure, qu'elles sont devenues rares. La loi les protège, mais les braconniers continuent de les piéger. Elles sont aussi menacées par la destruction de la forêt en Amérique du Sud. (M)

le desman des Pyrénées
L : 11 à 13 cm + 14 cm (queue)
P : 50 à 80 g

la loutre géante
L : 1,50 à 2,10 m
P : 24 kg

le lynx d'Espagne
ou lynx pardelle
L : 85 à 110 cm
P : 15 à 25 kg

Les bois

la piéride
de Virginie

l'oreillard
L : 10 cm
E : 25 cm
P : 5 à 11 g

 ## Le pic à face blanche
Picoides borealis

Localisation : États-Unis

Le pic à face blanche vit dans les bois de pins et de chênes du sud-est des États-Unis. Pour faire son nid, il creuse un trou dans un grand pin malade. Il perce ensuite des petits trous autour de l'ouverture du nid, pour que la résine s'égoutte sur le tronc et englue les éventuels intrus. Grâce à ses griffes solides et à ses courtes pattes, il grimpe facilement aux arbres. Sa queue raide à bout carré lui sert à s'équilibrer. En frappant l'arbre avec son bec, il fait son nid, trouve des insectes et des araignées à manger, et signale son territoire. Il est menacé partout où l'on détruit les bois. (M)

 ## L'écureuil-renard de Delmarva
Sciurus niger cinereus

Localisation : États-Unis

Les écureuils sont de petits rongeurs à queue touffue. Ils se nourrissent de noix, de fruits, de bourgeons et de graines. Rapides et souples, ils avancent sur le sol en faisant des bonds et grimpent aux arbres en un éclair. L'écureuil-renard de Delmarva est de plus en plus rare à l'état sauvage. Les hommes en ont capturé beaucoup, pour en faire des animaux familiers. On les tue souvent parce qu'ils arrachent l'écorce des arbres et mangent les pousses des jeunes arbres. (TM)

le pic à face blanche
L : 18 cm

l'écureuil-renard de Delmarva
L : 45 à 69 cm
P : 500 à 1 060 g

le castor de montagne
L : 45 cm
P : 1,5 kg

le grand capricorne
L : 24 à 53 mm

la sittelle corse
L : 12 cm   P : 12 g env.

le cerf des
iles de Floride
L : 1,30 m
P : 25 kg

la cigale américaine
L : 19 à 33 mm

Le grand paon de nuit
Saturnia pyri

Localisation : Europe occidentale, centrale et méridionale, Maghreb

Il existe plus de 100 000 espèces de papillons, dont la taille varie de 0,2 cm à 30 cm d'envergure. La plupart des papillons ont deux paires d'ailes recouvertes d'écailles colorées très fragiles. Leurs œufs donnent naissance à des chenilles. Au bout de quelque temps, celles-ci s'immobilisent sur une feuille ou sur une branche. Les chenilles se transforment en chrysalides d'où sortent les papillons. Le grand paon de nuit mesure 15 cm d'envergure. Ses antennes ont la forme de petites plumes fines. Grâce aux dessins de ses ailes, il se camoufle dans la végétation. Vivant dans des régions de plus en plus peuplées, il est menacé par la pollution. (TM)

Le loup gris
Canis lupus

Localisation : nord des États-Unis, Canada, Europe, Asie

Il a des pattes robustes, un pelage épais, les yeux obliques et le bout des oreilles arrondi. C'est un chasseur infatigable. Il peut poursuivre ses proies, cerfs, gibier à plumes et lapins pendant des heures. L'hiver, les loups unissent leurs forces pour attaquer des troupeaux entiers d'animaux. Les hommes, cherchant à protéger leur bétail, les chassent depuis des siècles. Le loup gris était autrefois le mammifère le plus répandu (l'homme excepté) dans les pays tempérés. L'homme l'a repoussé dans les régions froides de l'hémisphère Nord. (M)

le grand paon
de nuit
E : 15 cm

le loup gris
L : 1,60 m (avec la queue)
P : 80 kg

Les déserts

le lion d'Asie
L: 1,45 à 2 m
+ queue de 65 à 100 cm
P: 120 kg

le phrynosome de San Diego
L: 12 à 13 cm

la tarantule

L'oryx d'Arabie
Oryx leucoryx

Localisation : Oman

Cette antilope à cornes droites supporte bien le milieu hostile du désert. Son pelage presque tout blanc renvoie la chaleur du soleil. Ses sabots larges et plats lui permettent de marcher longtemps sur le sable. Les oryx ne sont pas agressifs. Ils respectent les règles du troupeau. Unis, ils peuvent mieux se protéger des prédateurs. Il y avait, autrefois, de nombreux oryx en Arabie, en Iran et en Irak. Mais ils ont tellement été chassés, qu'ils ont failli disparaître il y a vingt ans. Quelques troupeaux capturés ont survécu. Il y a dix ans, on en a libéré en Oman, pour qu'ils retournent à la vie sauvage. (TM)

l'oryx d'Arabie
L: 1,60 à 1,80 m
P: 35 à 70 kg

Le crotale de Willard
Crotalus willardi

Localisation : Mexique, États-Unis

Il existe 2 500 espèces de serpents répartis dans 11 familles. Le crotale de Willard appartient à la famille des serpents à sonnettes. Il a une petite fossette entre la narine et l'œil, de chaque côté de la tête. Des cellules nerveuses permettent au serpent de détecter la chaleur émise par un autre animal. Il peut ainsi le repérer et même en évaluer la distance. A chaque fois qu'il mue, sa queue s'allonge un peu. L'homme le tue souvent parce qu'il en a peur. Il le chasse aussi pour sa peau : comme celle du crocodile, elle sert à fabriquer des articles de mode. L'homme le menace également en bouleversant son habitat. (M)

le crotale de Willard
L: 37 à 60 cm

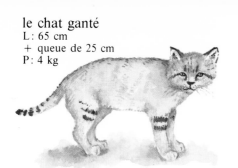
le chat ganté
L: 65 cm
+ queue de 25 cm
P: 4 kg

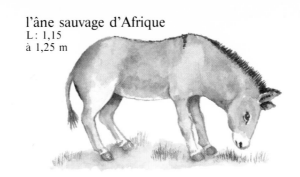
l'âne sauvage d'Afrique
L: 1,15
à 1,25 m

le zèbre de Grévy
L: 2,50 à 2,60 m
P: 350 à 430 kg

Le chameau de Bactriane

Camelus bactrianus

Localisation : Mongolie, Chine

Le dromadaire (une bosse) et le chameau de Bactriane (deux bosses) ont été domestiqués. Ces chameaux ont un pelage court et brun en été, qui pousse et s'épaissit l'hiver. Ils peuvent rester longtemps sans boire ni manger : ils vivent alors sur les réserves de graisse contenues dans leurs bosses. Les peuples nomades se servent des chameaux comme moyen de transport, dans le désert. Ils boivent leur lait, tissent leur laine pour faire des vêtements et peuvent les manger. Mais les peuples nomades sont de plus en plus rares. Les chameaux risquent de disparaître avec eux. (M)

La tortue d'Égypte

Testudo kleinmanni

Localisation : Égypte, Israël, Libye

On trouve des tortues terrestres dans les régions semi-désertiques de tous les continents, sauf en Australie. Elles peuvent se passer d'eau pendant de longues périodes. En fermant complètement leur partie ventrale, elles conservent leur humidité et se protègent des ennemis. Quand elles se sentent en danger, elles rentrent la tête et bouchent l'ouverture de leur carapace en repliant les pattes avant. La tortue d'Égypte est menacée par l'homme qui la tue pour sa chair et sa carapace. (M)

le rat-kangourou géant
L: 31 à 34 cm
P: 130 à 180 g

le rat-kangourou du désert
L: 30 à 37 cm
P: 80 à 138 g

le chameau
de Bactriane
L: 3,50 m
P: 700 kg env.

la tortue d'Égypte

Les prairies

le cheval de Przewalski
H : 1,35 m
P : 200 à 300 kg

le bubale de Swayne
L : 1,75 à 2,45 m
P : 120 à 200 kg

l'atrichornis bruyant
L : 21 cm

La grande outarde
Otis tarda

Localisation : Espagne, Europe centrale, Asie centrale

L'outarde sait voler, mais elle vit surtout sur le sol. On trouve la grande outarde du sud de l'Europe à la Chine. Cet oiseau farouche abandonne son nid s'il est dérangé. Le mâle fait une cour spectaculaire : il gonfle le cou, remonte la queue, étire les ailes et montre ses plumes blanches de dessous. Les chasseurs le repèrent alors facilement. En temps normal, il se fond dans le paysage grâce à son plumage discret. En cultivant les prairies, l'homme bouleverse le milieu naturel de la grande outarde et la met en danger. (BM)

Le rhinocéros unicorne de l'Inde
Rhinoceros unicornis

Localisation : Inde, Népal

On dirait qu'il porte une armure. Sa peau épaisse est grise, sans poils, avec des bosses et des plis. Pour se nourrir, il broute sur plusieurs kilomètres carrés, dans les plaines et les lits des rivières de l'Inde. Il passe de longs moments dans l'eau. Assez agressif, il se rue facilement sur ceux qui le dérangent. Trop chassés par les braconniers, les rhinocéros unicornes sont de moins en moins nombreux. Leur corne en ivoire est très recherchée. Certains la croient dotée de pouvoirs magiques. (TM)

la grande outarde
L : 74 à 90 cm
P : 7 à 17 kg

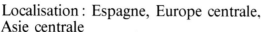

le rhinocéros unico[rne]
de l'Inde
L : 4 m
P : 2 t

la hyène brune
L : 1,10 à 1,25 m
P : 40 à 55 kg

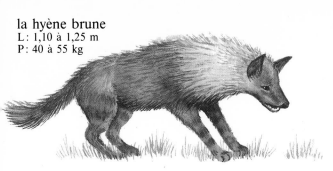

le pronghorn
L : 1,25 à 1,45 m   P : 34 à 60 kg

Le guépard
Acinonyx jubatus

Localisation : Afrique, Moyen-Orient, Iran, U.R.S.S.

Le corps mince, la fourrure tachetée, le guépard est le mammifère terrestre le plus rapide. Il pousse des pointes à plus de 100 km/h. Il doit sa rapidité à ses pattes puissantes et à la grande souplesse de sa colonne vertébrale. Patient et rusé, il peut guetter ses proies pendant des heures entières. Il les attaque par surprise. S'il les manque, il abandonne la poursuite, car il ne peut courir longtemps. Le guépard est surtout menacé par les braconniers, qui le recherchent pour vendre sa fourrure. (M)

Le chien de prairie de l'Utah
Cynomys parvidens

Localisation : États-Unis (Utah)

Il doit son nom à son cri, comparable à l'aboiement d'un chien. Mais c'est une des quelque 360 espèces d'écureuils. Il a des petits une fois par an. Mâles et femelles s'en occupent à tour de rôle. Les chiens de prairie vivent en colonies. Ils creusent des terriers profonds qui communiquent entre eux. Un guetteur se poste à l'entrée principale. En cas de danger, il siffle. A ce signal, les promeneurs rentrent immédiatement dans leur trou. Le chien de prairie se nourrit autour du terrier. Il coupe l'herbe court et peut ainsi voir ce qui se passe aux environs. L'homme le met en danger en cultivant ses prairies. (M)

le bison d'Europe
H : 1,80 m
L : (tête et corps) 2,50 à 3,50 m
P : 600 à 850 kg

le lycaon
L : 1,40 m
P : 24 kg

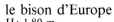

l'azuré du serpolet
E : 33 mm

guépard
: 120 cm + queue 40 cm env.
: 50 kg

le chien de prairie de l'Utah
L : 37 cm
P : 1,3 kg

Les mers

le marsouin
L : 1,35 à 1,85 m
P : 45 à 65 kg

le strombe géant
L : 30 cm

le goéland d'Audouin
L : 50 cm
P : 550 à 800 g

le dugong
L : 3 m
P : 600 kg

Le manchot des antipodes
Megadyptes antipodes

Localisation : Nouvelle-Zélande

Le manchot des antipodes est un oiseau qui ne peut pas voler. Assez maladroit sur la terre, il marche en se dandinant. C'est par contre un excellent nageur. Dans la mer, il se sert de ses ailes comme de nageoires. Sous ses plumes imperméables, une couche de graisse garde sa chaleur, même dans des eaux glaciales. Ce manchot a de plus en plus de mal à trouver des endroits sauvages pour nicher. Les côtes de Nouvelle-Zélande où il vit, sont parfois polluées. On pêche tellement de poissons dans ces régions, qu'il se nourrit moins facilement. (TM)

Le caret
Caretta caretta

Localisation : mers subtropicales

Les tortues de mer ne sortent presque jamais de l'eau. Leurs énormes pattes avant leur servent de nageoires, leurs pattes arrière de gouvernail. Elles ne peuvent pas rentrer leur tête sous leur carapace. Le caret (ou la caouane) est une tortue de mer qui pèse de 45 à 125 kg. Il se nourrit de crabes, de moules et de poissons. Si la mer est polluée, il est en danger. Ces tortues sont trop chassées : l'homme les recherche pour leur carapace et pour manger leur chair et leurs œufs. Comme les femelles pondent sur les plages, elles se font facilement capturer. (TM)

le manchot des antipodes
L : 76 à 81 cm

le caret
L : 60 à 90 cm
P : 45 à 125 kg

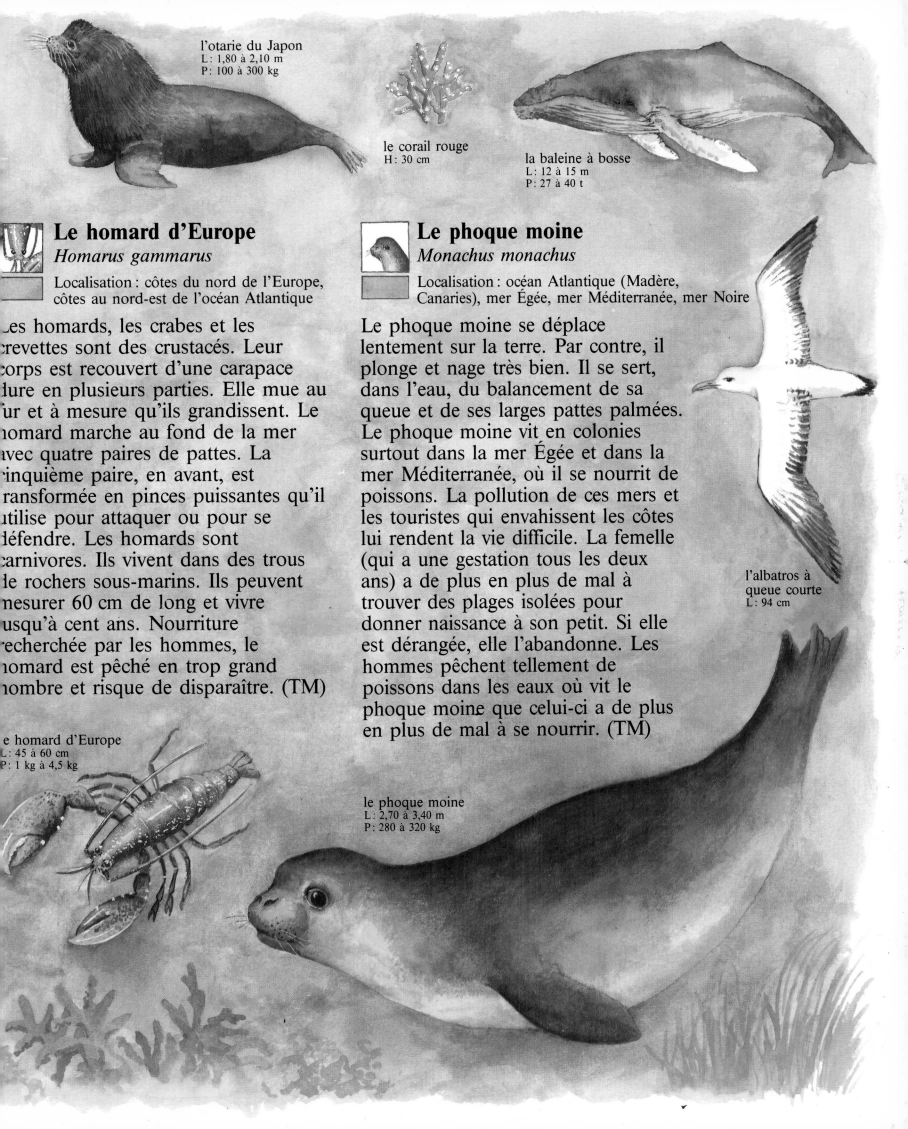

l'otarie du Japon
L : 1,80 à 2,10 m
P : 100 à 300 kg

le corail rouge
H : 30 cm

la baleine à bosse
L : 12 à 15 m
P : 27 à 40 t

Le homard d'Europe
Homarus gammarus

Localisation : côtes du nord de l'Europe, côtes au nord-est de l'océan Atlantique

Les homards, les crabes et les crevettes sont des crustacés. Leur corps est recouvert d'une carapace dure en plusieurs parties. Elle mue au fur et à mesure qu'ils grandissent. Le homard marche au fond de la mer avec quatre paires de pattes. La cinquième paire, en avant, est transformée en pinces puissantes qu'il utilise pour attaquer ou pour se défendre. Les homards sont carnivores. Ils vivent dans des trous de rochers sous-marins. Ils peuvent mesurer 60 cm de long et vivre jusqu'à cent ans. Nourriture recherchée par les hommes, le homard est pêché en trop grand nombre et risque de disparaître. (TM)

Le phoque moine
Monachus monachus

Localisation : océan Atlantique (Madère, Canaries), mer Égée, mer Méditerranée, mer Noire

Le phoque moine se déplace lentement sur la terre. Par contre, il plonge et nage très bien. Il se sert, dans l'eau, du balancement de sa queue et de ses larges pattes palmées. Le phoque moine vit en colonies surtout dans la mer Égée et dans la mer Méditerranée, où il se nourrit de poissons. La pollution de ces mers et les touristes qui envahissent les côtes lui rendent la vie difficile. La femelle (qui a une gestation tous les deux ans) a de plus en plus de mal à trouver des plages isolées pour donner naissance à son petit. Si elle est dérangée, elle l'abandonne. Les hommes pêchent tellement de poissons dans les eaux où vit le phoque moine que celui-ci a de plus en plus de mal à se nourrir. (TM)

l'albatros à queue courte
L : 94 cm

le homard d'Europe
L : 45 à 60 cm
P : 1 kg à 4,5 kg

le phoque moine
L : 2,70 à 3,40 m
P : 280 à 320 kg

Les régions polaires

la baleine franche
du Groenland
L : 15 à 21 m
P : max. 150 t

la baleine
franche
méridionale   L : 13 à 15 m

la lycose

Le narval
Monodon monoceros

Localisation : eaux polaires du Nord

Il existe deux groupes de baleines : les baleines à fanons et les baleines à dents. Le narval fait partie des baleines à dents. Sa dent supérieure gauche a continué de pousser pour former une défense très longue, toute droite, qui s'enroule en spirale. La couleur étonnante de sa peau est un mélange de taches gris-vert, beiges et noires. Sous sa peau, une épaisse couche de graisse le protège du froid. Le narval se nourrit de crustacés, de mollusques et de poissons. Il ne se sert pas de sa défense pour attaquer, mais plutôt pour se protéger. Cet animal, trop chassé pour sa défense, est en danger. (TM)

Le morse
Odobenus rosmarus laptevi

Localisation : mers arctiques

Le morse est apparenté aux otaries et aux phoques. Il vit au bord des mers polaires de l'hémisphère Nord. Sous sa peau rugueuse, une épaisse couche de graisse l'isole du froid. On le trouve souvent sur la banquise se chauffant au soleil. Ses défenses mesurent jusqu'à 90 cm de long. Elles lui servent à déterrer les coquillages dont il se nourrit. Les morses vivent en bandes. Le mâle dominant a les défenses les plus longues du groupe. Les rugissements profonds de ces animaux s'entendent de loin. Les hommes chassent les morses pour leurs défenses d'ivoire, leur peau et leur huile. (BM)

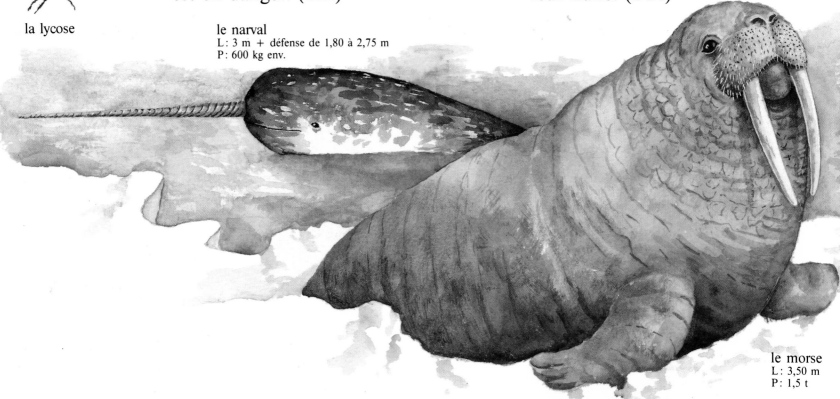

le narval
L : 3 m + défense de 1,80 à 2,75 m
P : 600 kg env.

le morse
L : 3,50 m
P : 1,5 t